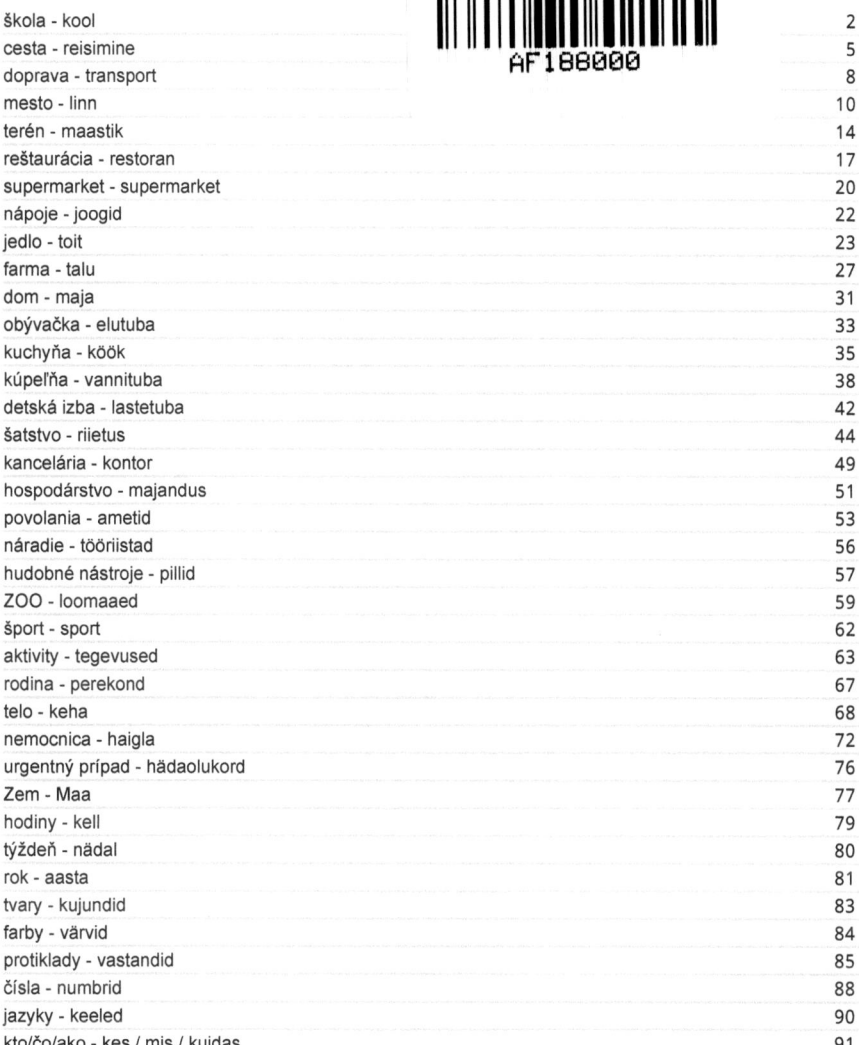

AF188000

Impressum
Verlag: BABADADA GmbH, Nedderfeld 112 , 22529 Hamburg
Geschäftsführer / Verlagsleitung: Harald Hof
Druck: Books on Demand GmbH, In de Tarpen 42, 22848 Norderstedt

Imprint
Publisher: BABADADA GmbH, Nedderfeld 112 , 22529 Hamburg, Germany
Managing Director / Publishing direction: Harald Hof
Print: Books on Demand GmbH, In de Tarpen 42, 22848 Norderstedt, Germany

škola
kool

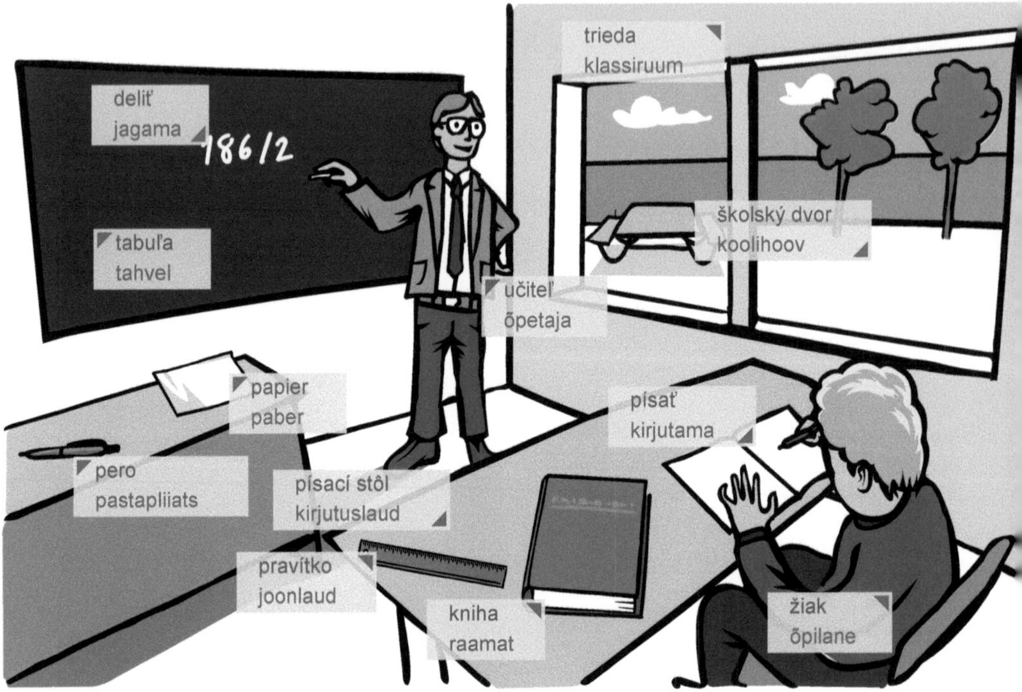

trieda
klassiruum
deliť
jagama
186/2
tabuľa
tahvel
školský dvor
koolihoov
učiteľ
õpetaja
papier
paber
písať
kirjutama
pero
pastapliiats
písací stôl
kirjutuslaud
pravítko
joonlaud
kniha
raamat
žiak
õpilane

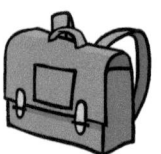

školská taška

koolikott

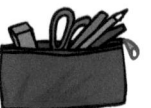

peračník

pinal

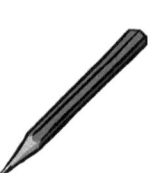

ceruza

harilik pliiats

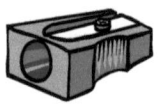

strúhadlo na ceruzky

pliiatsiteritaja

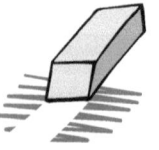

guma

kustukumm

skicár

joonistusplokk

kresba
joonistus

štetec
pintsel

vodové farby
värvikarp

nožnice
käärid

lepidlo
liim

cvičný zošit
töövihik

domáca úloha
kodutöö

číslo
number

sčítať
liitma

odčítať
lahutama

násobiť
korrutama

počítať
arvutama

písmeno
täht

abeceda
tähestik

slovo
sõna

škola - kool

3

text

tekst

čítať

lugema

krieda

kriit

hodina

koolitund

triedna kniha

klassipäevik

skúška

eksam

certifikát

tunnistus

školská uniforma

koolivorm

vzdelanie

haridus

encyklopédia

entsüklopeedia

univerzita

ülikool

mikroskop

mikroskoop

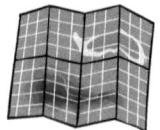

mapa

kaart

kôš na papier

paberikorv

hotel
hotell

Grand

nocľaháreň
hostel

ROOMS

zmenáreň
valuutavahetuspunkt

€CHANGE

kufor
kohver

auto
auto

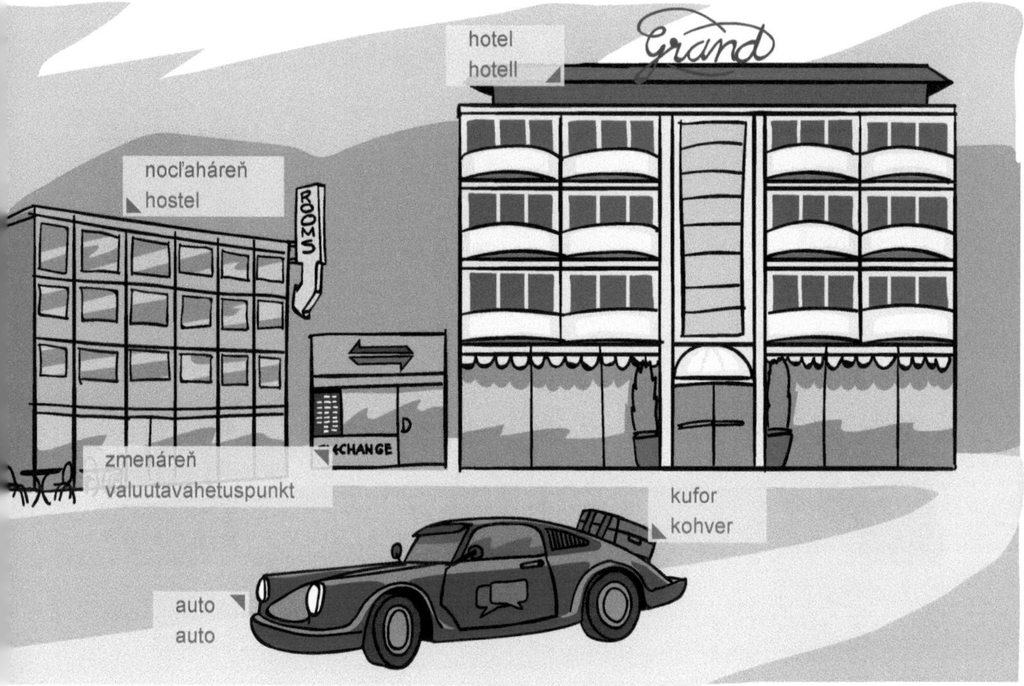

jazyk
keel

áno/nie
jah / ei

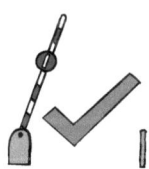

v poriadku
okei

ahoj
Tere!

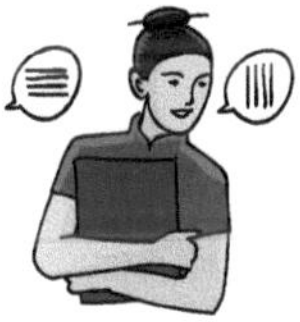

prekladateľ
tõlk

ďakujem
Aitäh!

Koľko stojí ... ?

Kui palju maksab ...?

Nerozumiem

Ma ei saa aru

problém

probleem

Dobrý večer!

Tere õhtust!

Dobré ráno!

Tere hommikust!

Dobrú noc!

Head ööd!

Dovidenia

Head aega!

smer

suund

batožina

pagas

taška

kott

batoh

seljakott

hosť

külaline

izba

tuba

spacák

magamiskott

stan

telk

informácie pre turistov
turismiinfo

pláž
rand

kreditná karta
krediitkaart

raňajky
hommikusöök

obed
lõunasöök

večera
õhtusöök

cestovný lístok
pilet

výťah
lift

poštová známka
postmark

hranica
riigipiir

clo
toll

veľvyslanectvo
saatkond

vízum
viisa

cestovný pas
pass

doprava
transport

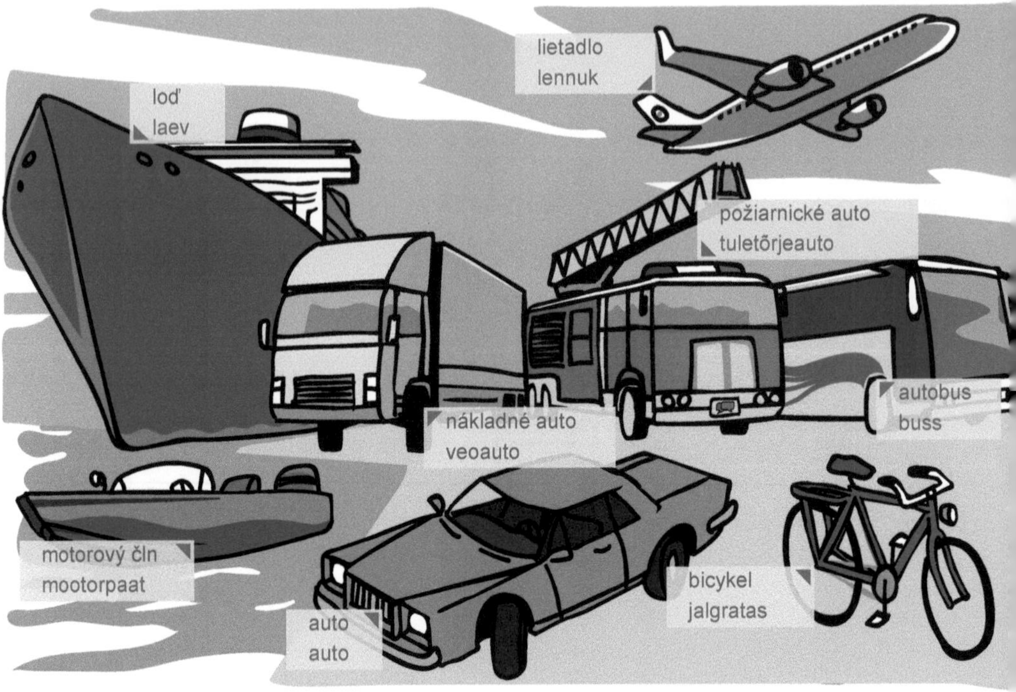
lietadlo
lennuk
loď
laev
požiarnické auto
tuletõrjeauto
nákladné auto
veoauto
autobus
buss
motorový čln
mootorpaat
auto
auto
bicykel
jalgratas

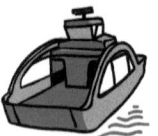

trajekt

praam

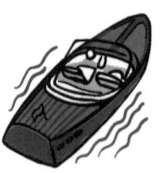

loď

paat

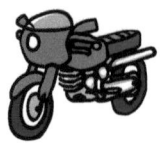

motorka

mootorratas

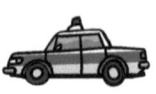

policajné auto

politseiauto

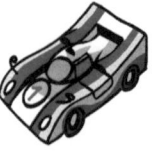

pretekárske auto

võidusõiduauto

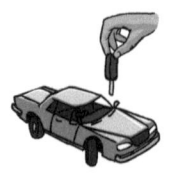

vozidlo z požičovne

rendiauto

carsharing

ühisauto

odťahové auto

puksiirauto

smetiarske auto

prügiauto

motor

mootor

benzín

kütus

čerpacia stanica

tankla

dopravná značka

liiklusmärk

premávka

liiklus

zápcha

liiklusummik

parkovisko

parkla

vlaková stanica

raudteejaam

trate

rööpad

vlak

rong

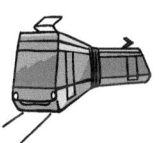

električka

tramm

vagón

vagun

helikoptéra

helikopter

letisko

lennujaam

veža

torn

pasažier

reisija

kontajner

konteiner

kartón

pappkast

vozík

käru

kôš

korv

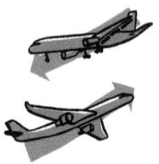

štartovať / pristáť

õhku tõusma / maanduma

mesto
linn

dedina

küla

centrum mesta

kesklinn

dom

maja

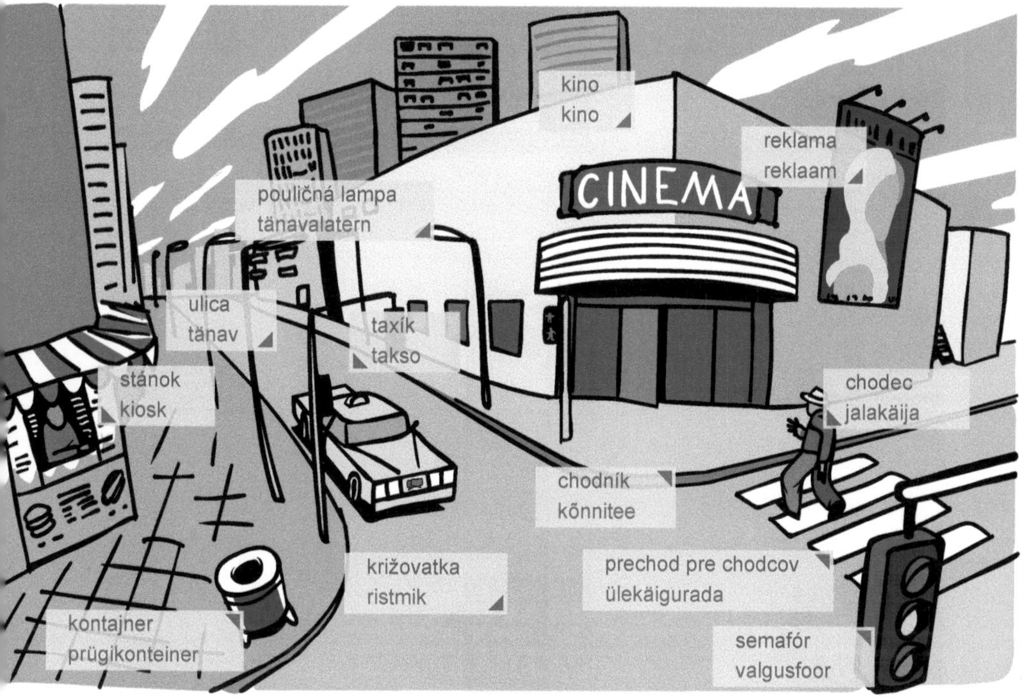

kino
kino

reklama
reklaam

poulíčná lampa
tänavalatern

CINEMA

ulica
tänav

taxík
takso

chodec
jalakäija

stánok
kiosk

chodník
kõnnitee

križovatka
ristmik

prechod pre chodcov
ülekäigurada

kontajner
prügikonteiner

semafór
valgusfoor

chata
osmik

byt
kortermaja

vlaková stanica
raudteejaam

radnica
raekoda

múzeum
muuseum

škola
kool

univerzita

ülikool

banka

pank

nemocnica

haigla

hotel

hotell

lekáreň

apteek

kancelária

kontor

kníhkupectvo

raamatupood

obchod

kauplus

kvetinárstvo

lillepood

supermarket

supermarket

trh

turg

obchodný dom

kaubamaja

obchodník s rybami

kalapood

nákupné stredisko

kaubanduskeskus

prístav

sadam

park
park

lavička
pink

most
sild

schody
trepp

metro
metroo

tunel
tunnel

autobusová zastávka
bussipeatus

bar
baar

reštaurácia
restoran

poštová schránka
postkast

tabuľa s názvom ulice
tänavasilt

parkovacie hodiny
parkimisautomaat

ZOO
loomaaed

plaváreň
ujula

mešita
mošee

farma
talu

znečisťovanie životného prostredia
reostus

cintorín
surnuaed

kostol
kirik

ihrisko
mänguväljak

chrám
tempel

terén
maastik

list
leht

smerová tabuľa
teeviit

cesta
tee

lúka
aas

kameň
kivi

strom
puu

turista
matkaja

rieka
jõgi

tráva
rohi

kvet
lill

dolina

org

kopec

mägi

jazero

järv

les

mets

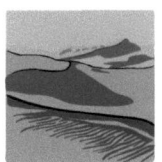

púšť

kõrb

vulkán

vulkaan

zámok

linnus

dúha

vikerkaar

hríb

seen

palma

palm

komár

sääsk

mucha

kärbes

mravec

sipelgas

včela

mesilane

pavúk

ämblik

terén - maastik

chrobák
mardikas

žaba
konn

veverička
orav

jež
siil

zajac
jänes

sova
öökull

vták
lind

labuť
luik

diviak
metssiga

jeleň
hirv

los
põder

hrádza
pais

veterná turbína
tuuleturbiin

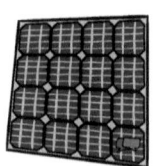

solárny panel
päikesepaneel

podnebie
kliima

reštaurácia
restoran

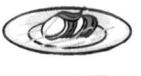

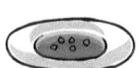

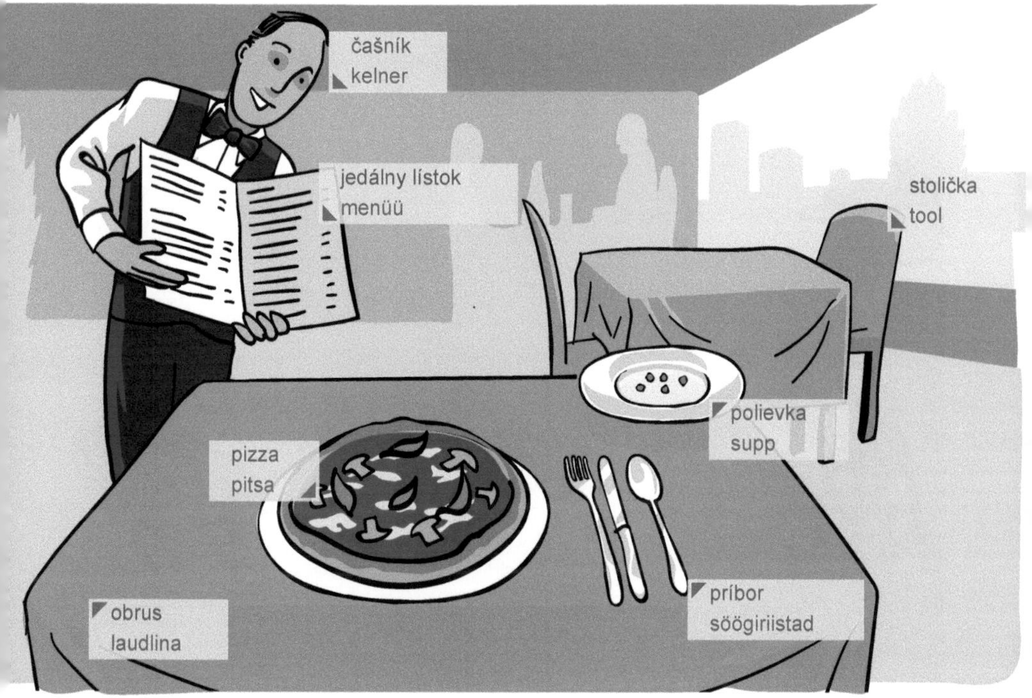

čašník
kelner
jedálny lístok
menüü
stolička
tool
polievka
supp
pizza
pitsa
príbor
söögiriistad
obrus
laudlina

predjedlo

eelroog

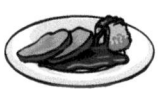

hlavné jedlo

pearoog

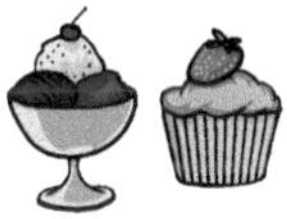

zákusok

magustoit

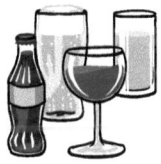

nápoje

joogid

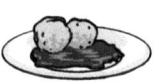

jedlo

toit

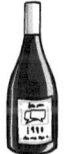

fľaša

pudel

fast-food
kiirtoit

street food
tänavatoit

kanvica na čaj
teekann

cukornička
suhkrutoos

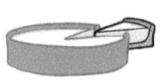

porcia
portsjon

stroj na espresso
espressomasin

detská stolička
lastetool

účet
arve

podnos
kandik

nôž
nuga

vidlička
kahvel

lyžica
lusikas

čajová lyžička
teelusikas

obrúsok
salvrätik

pohár
klaas

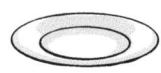

tanier
taldrik

hlboký tanier
supitaldrik

podšálka
alustass

omáčka
kaste

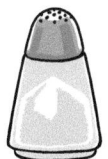

soľnička
soolatoos

mlynček na korenie
pipraveski

ocot
äädikas

olej
õli

korenie
vürtsid

kečup
ketšup

horčica
sinep

majonéza
majonees

supermarket
supermarket

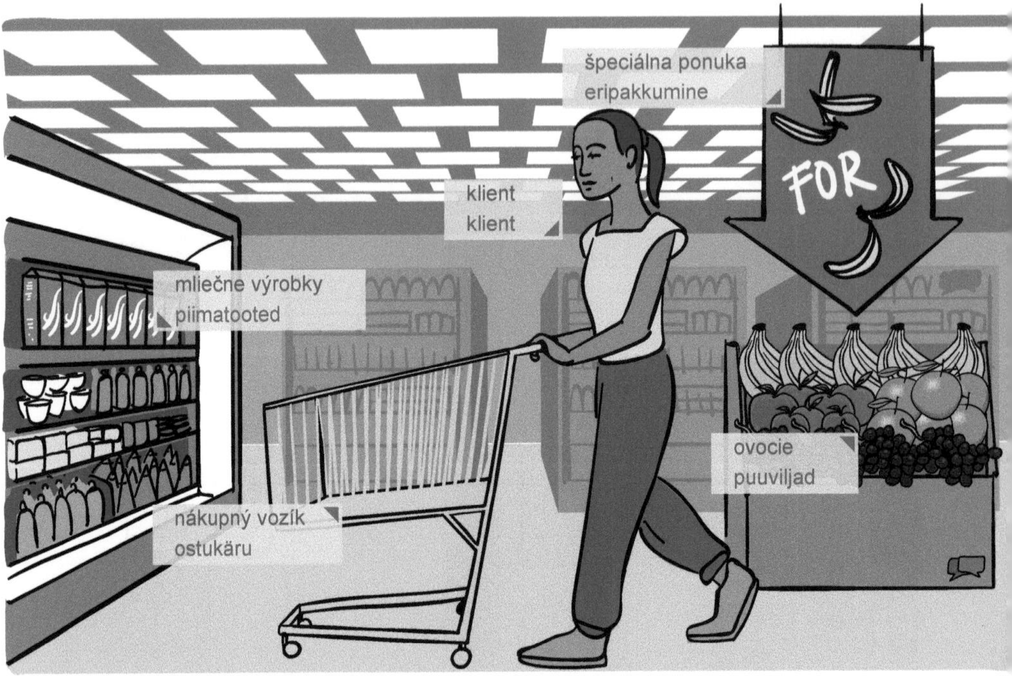

špeciálna ponuka
eripakkumine
FOR
klient
klient
mliečne výrobky
piimatooted
ovocie
puuviljad
nákupný vozík
ostukäru

BUTCHERS

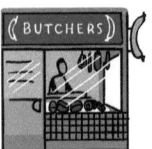

mäsiarstvo

lihapood

BAKERY

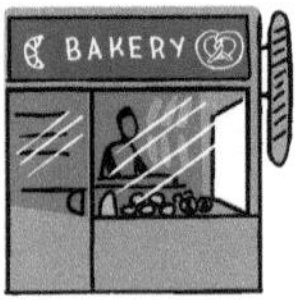

pekáreň

pagariäri

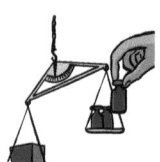

vážiť

kaaluma

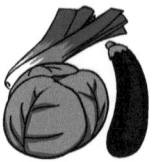

zelenina

köögiviljad

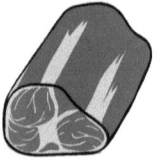

mäso

liha

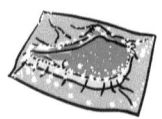

mrazené potraviny

külmutatud toit

nárez

lihalõigud

konzervy

konservid

prací prostriedok

pesupulber

sladkosti

maiustused

domáce potreby

majatarbed

čistiace prostriedky

puhastustooted

predavačka

müüja

pokladňa

kassaaparaat

pokladník

kassapidaja

nákupný zoznam

ostunimekiri

otváracie hodiny

lahtiolekuajad

peňaženka

rahakott

kreditná karta

krediitkaart

taška

kott

plastové vrecko

kilekott

voda

vesi

džús

mahl

mlieko

piim

kola

koola

víno

vein

pivo

õlu

alkohol

alkohol

kakao

kakao

čaj

tee

káva

kohv

espresso

espresso

kapučíno

cappuccino

banán

banaan

jablko

õun

pomaranč

apelsin

melón

arbuus

citrón

sidrun

mrkva

porgand

cesnak

küüslauk

bambus

bambus

cibuľa

sibul

hríb

seen

orechy

pähklid

rezance

nuudlid

špagety

spagetid

ryža

riis

šalát

salat

hranolky

friikartulid

pečené zemiaky

praekartulid

pizza

pitsa

hamburger

hamburger

obložený chlebík

võileib

rezeň

šnitsel

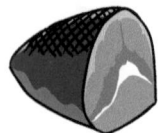

šunka

sink

saláma

salaami

klobása

vorst

kurča

kana

pečené mäso

praeliha

ryba

kala

ovsené vločky
....
kaerahelbed

müsli
....
müsli

kukuričné lupienky
....
maisihelbed

múka
....
jahu

croissant
....
sarvesai

pečivo
....
kukkel

chlieb
....
leib

hrianka
....
röstsai

sušienky
....
küpsised

maslo
....
või

tvaroh
....
kohupiim

koláč
....
kook

vajce
....
muna

volské oko
....
praemuna

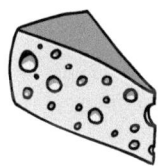

syr
....
juust

zmrzlina

jäätis

cukor

suhkur

med

mesi

lekvár

moos

nugátová nátierka

pähklivõie

karí korenie

karri

farma
talu

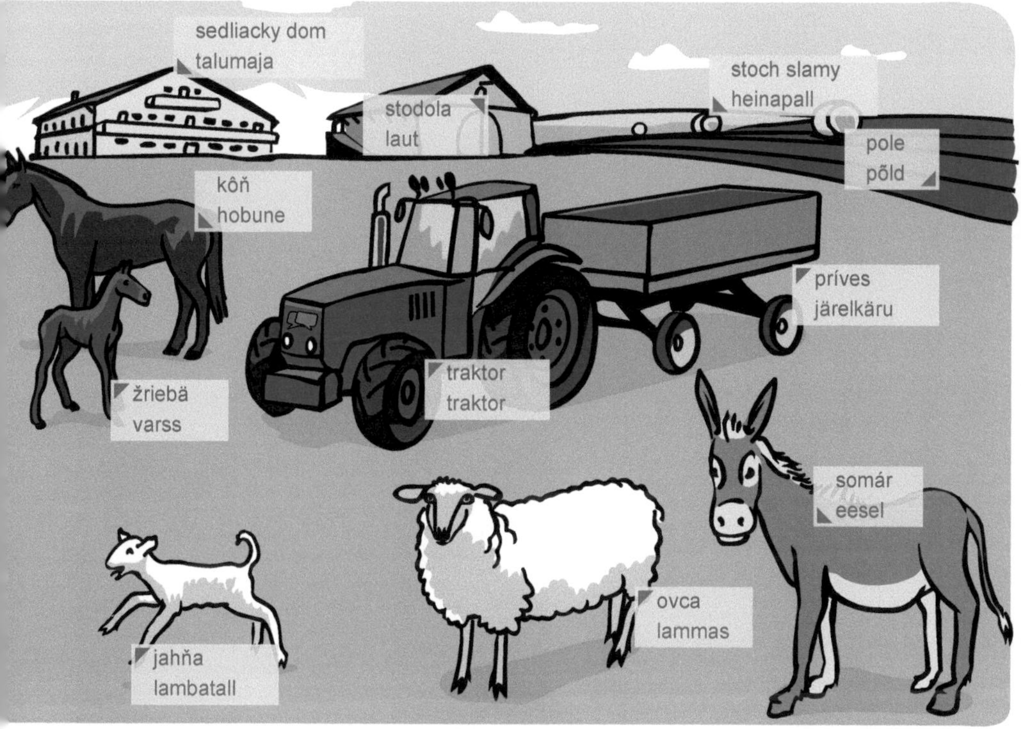

sedliacky dom
talumaja
stodola
laut
stoch slamy
heinapall
pole
põld
kôň
hobune
príves
järelkäru
traktor
traktor
žriebä
varss
somár
eesel
ovca
lammas
jahňa
lambatall

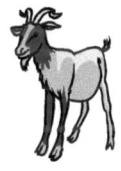

koza
kits

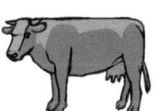

krava
lehm

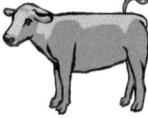

teľa
vasikas

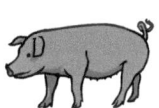

prasa
siga

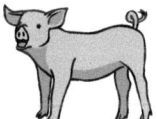

prasiatko
põrsas

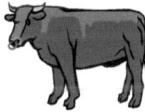

býk
pull

hus

hani

kačica

part

kuriatko

tibu

sliepka

kana

kohút

kukk

potkan

rott

mačka

kass

myš

hiir

vôl

härg

pes

koer

psia búda

koerakuut

záhradná hadica

aiavoolik

krhla

kastekann

kosa

vikat

pluh

ader

kosák
sirp

motyka
kõblas

vidly na hnoj
hang

sekera
kirves

fúrik
käru

koryto
küna

kanva na mlieko
piimanõu

vrece
kott

plot
tara

maštaľ
tall

skleník
kasvuhoone

pôda
muld

osivo
seeme

hnojivo
väetis

kombajn
kombain

žať

saaki koristama

žatva

saagikoristus

batát

jamss

pšenica

nisu

sója

soja

zemiak

kartul

kukurica

mais

repka

raps

ovocný strom

viljapuu

maniok

maniokk

obilie

teravili

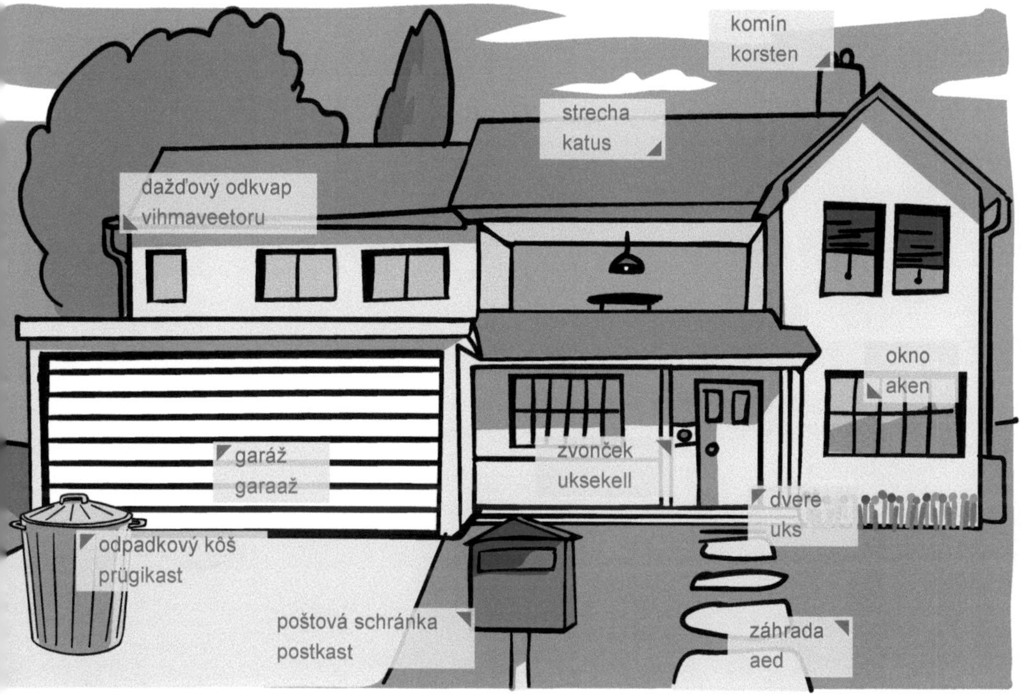

komín
korsten

strecha
katus

dažďový odkvap
vihmaveetoru

okno
aken

garáž
garaaž

zvonček
uksekell

dvere
uks

odpadkový kôš
prügikast

poštová schránka
postkast

záhrada
aed

obývačka
....
elutuba

kúpeľňa
....
vannituba

kuchyňa
....
köök

spálňa
....
magamistuba

detská izba
....
lastetuba

jedáleň
....
söögituba

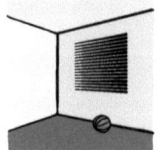

podlaha

põrand

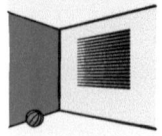

stena

sein

strop

lagi

pivnica

kelder

sauna

saun

balkón

rõdu

terasa

terrass

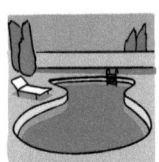

bazén

bassein

kosačka

muruniiduk

obliečka

voodilina

posteľná prikrývka

päevatekk

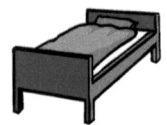

posteľ

voodi

metla

luud

vedro

ämber

vypínač

lüliti

obývačka
elutuba

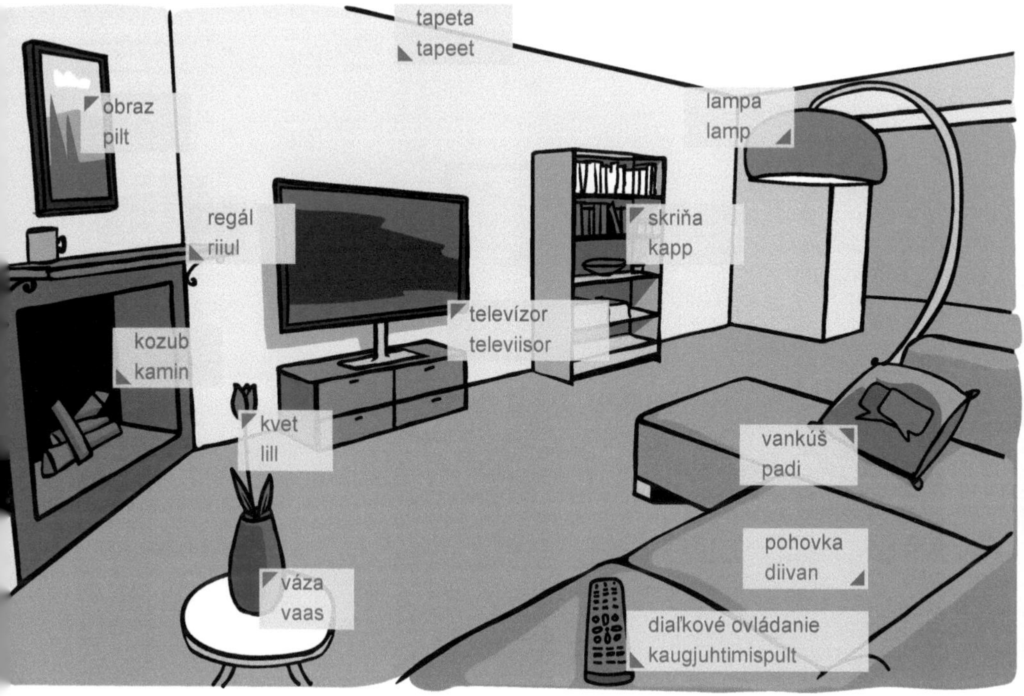
tapeta
tapeet
obraz
pilt
lampa
lamp
regál
riiul
skriňa
kapp
televízor
televiisor
kozub
kamin
kvet
lill
vankúš
padi
pohovka
diivan
váza
vaas
diaľkové ovládanie
kaugjuhtimispult

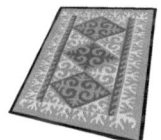

koberec

vaip

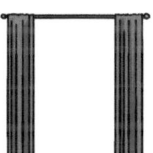

záclona

kardin

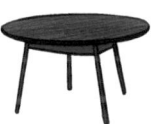

stôl

laud

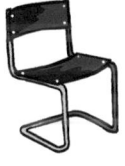

stolička

tool

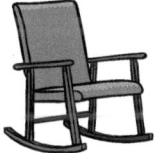

hojdacie kreslo

kiiktool

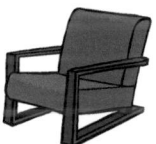

kreslo

tugitool

kniha

raamat

prikrývka

tekk

dekorácia

kaunistus

drevo na kúrenie

küttepuud

film

film

hi-fi veža

helisüsteem

kľúč

võti

noviny

ajaleht

maľba

maal

plagát

plakat

rádio

raadio

zápisník

märkmik

vysávač

tolmuimeja

kaktus

kaktus

sviečka

küünal

kuchyňa
köök

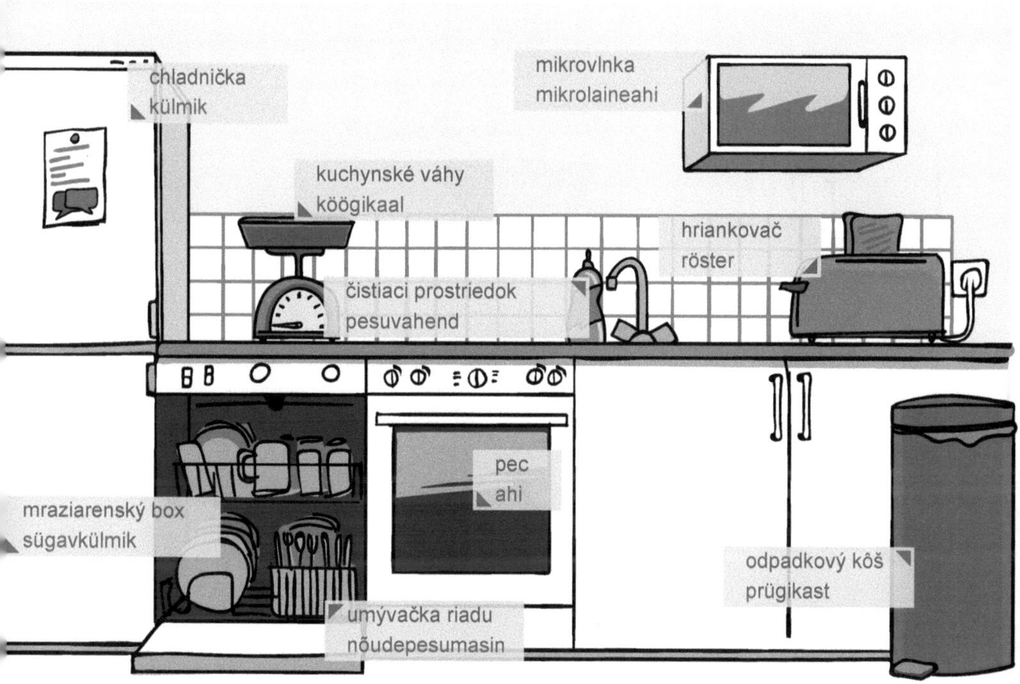

chladnička
külmik
mikrovlnka
mikrolaineahi
kuchynské váhy
köögikaal
hriankovač
röster
čistiaci prostriedok
pesuvahend
pec
ahi
mraziarenský box
sügavkülmik
odpadkový kôš
prügikast
umývačka riadu
nõudepesumasin

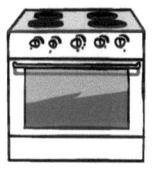

sporák
....
pliit

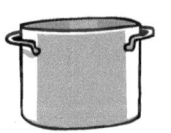

hrniec
....
pott

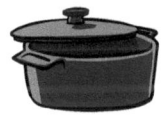

železný hrniec
....
malmpott

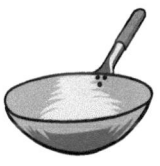

wok / kadai
....
vokkpann

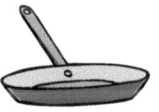

panvica
....
pann

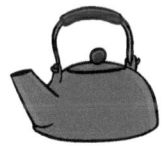

rýchlovarná kanvica
....
veekeetja

parný hrniec

aurutaja

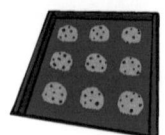

plech na pečenie

küpsetusplaat

riad

lauanõud

pohár

kruus

misa

kauss

paličky

söögipulgad

naberačka na polievku

kulp

stierka

pannilabidas

metlička

vispel

cedidlo

kurn

sitko

sõel

strúhadlo

riiv

mažiar

uhmer

gril

grill

ohnisko

lahtine tuli

doska na krájanie

lõikelaud

valček na cesto

tainarull

vývrtka

korgitser

konzerva

konservipurk

otvárač na konzervy

konserviavaja

chňapka

pajakinnas

výlevka

kraanikauss

kefa

hari

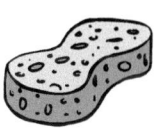

hubka

pesukäsn

mixér

kannmikser

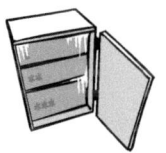

mraznička

sügavkülmuti

kojenecká fľaša

lutipudel

vodovodný kohútik

segisti

kúpeľňa

vannituba

kúrenie
küte
uterák
käterätik
sprcha
dušš
sprchový záves
dušikardin
pena do kúpeľa
mullivann
vaňa
vann
pohár
klaas
práčka
pesumasin
vodovodný kohútik
segisti
dlaždice
plaadid
nočník
pissipott
výlevka
kraanikauss

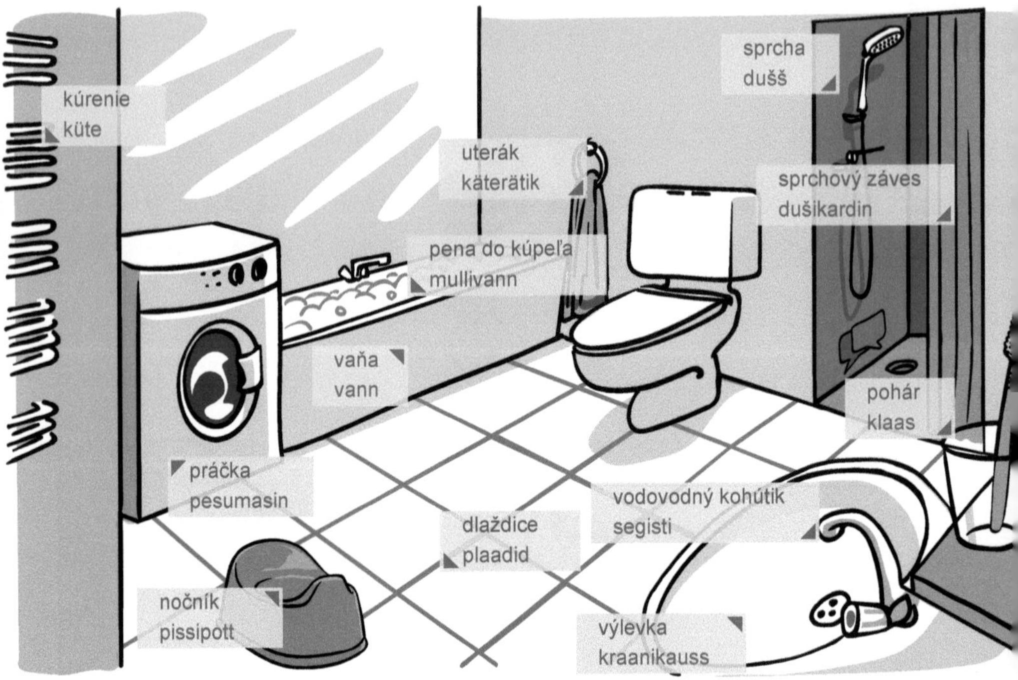

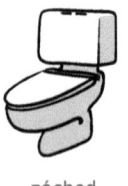

záchod

WC-pott

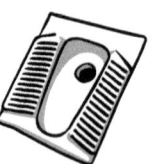

suchý záchod

kükitamistualett

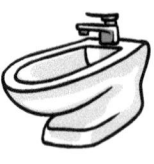

bidet

bidee

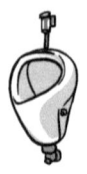

pisoár

pissuaar

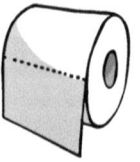

toaletný papier

tualettpaber

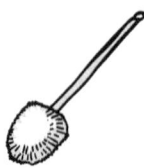

záchodová kefa

WC-hari

zubná kefka
....
hambahari

zubná pasta
....
hambapasta

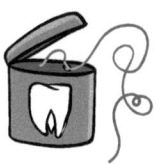

dentálna niť
....
hambaniit

umývať
....
pesema

ručná sprcha
....
käsidušš

sprcha pre intímnu hygienu
....
intiimdušš

umývadlo
....
pesukauss

kefa na chrbát
....
seljahari

mydlo
....
seep

sprchový gél
....
dušigeel

šampón
....
šampoon

frotírová rukavica
....
vamm

odtok
....
äravool

krém
....
kreem

dezodorant
....
deodorant

zrkadlo

peegel

kozmetické zrkadlo

käsipeegel

žiletka

habemenuga

pena na holenie

raseerimisvaht

voda po holení

habemevesi

hrebeň

kamm

kefa

hari

sušič vlasov

föön

sprej na vlasy

juukselakk

make-up

meigikomplekt

rúž

huulepulk

lak na nechty

küünelakk

vata

vatt

nožnice na nechty

küünekäärid

parfum

parfüüm

kozmetická taška

tualett-tarvete kott

stolček

taburet

váha

kaal

kúpací plášť

hommikumantel

gumové rukavice

kummikindad

tampón

tampoon

menštruačná vložka

hügieeniside

chemické WC

keemiline tualett

detská izba
lastetuba

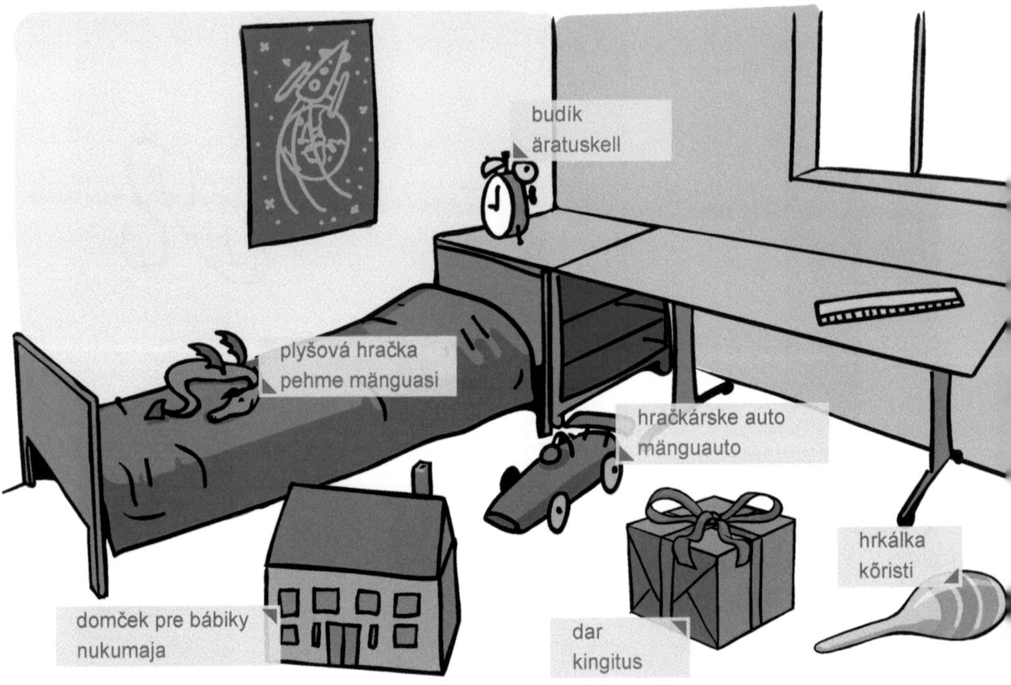

budík
äratuskell
plyšová hračka
pehme mänguasi
hračkárske auto
mänguauto
hrkálka
kõristi
domček pre bábiky
nukumaja
dar
kingitus

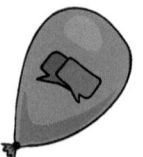

balón
õhupall

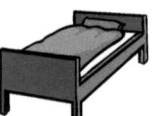

posteľ
voodi

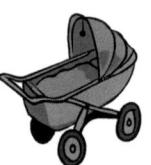

detský kočík
lapsevanker

karty
kaardipakk

puzzle
pusle

SUPER
MEGA

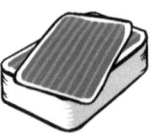

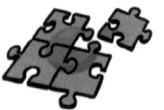

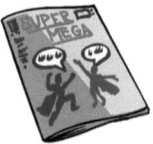

komix
koomiks

skladačka lego

Lego klotsid

stavebnica

klotsid

akčná postavička

kujuke

dupačky

siputuspüksid

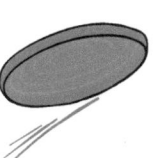

lietajúci tanier

lendav taldrik

závesné hračky

voodikarussell

stolová hra

lauamäng

kocka

täringud

modelový vláčik

mudelrong

cumlík

lutt

párty

pidu

obrázková kniha

pildiraamat

lopta

pall

bábika

nukk

hrať sa

mängima

pieskovisko

liivakast

hojdačka

kiik

hračky

mänguasjad

hracia konzola

mängukonsool

trojkolka

kolmerattaline jalgratas

medvedík

mängukaru

šatník

riidekapp

šatstvo
riietus

ponožky

sokid

pančuchy

sukad

pančuchové nohavičky

sukkpüksid

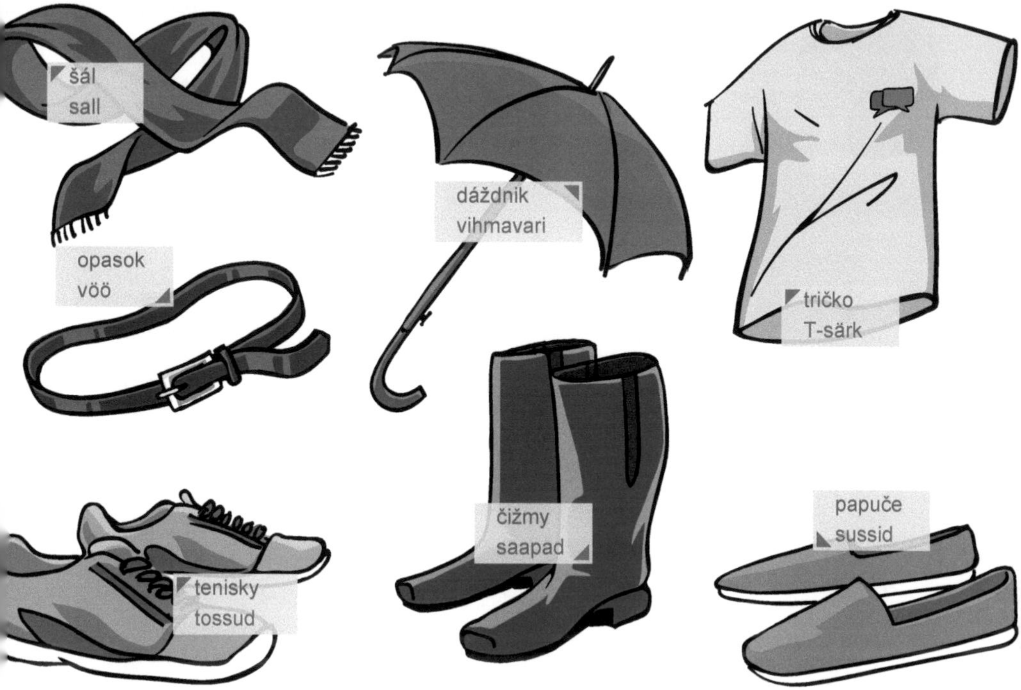

šál
sall

dáždnik
vihmavari

tričko
T-särk

opasok
vöö

čižmy
saapad

papuče
sussid

tenisky
tossud

sandále
sandaalid

topánky
jalatsid

gumáky
kummikud

spodky
aluspüksid

podprsenka
rinnahoidja

tielko
vest

body
bodi

nohavice
püksid

džínsy
teksapüksid

sukňa
seelik

blúzka
pluus

košeľa
särk

pulóver
sviiter

sveter
dressipluus

blejzer
bleiser

bunda
jakk

kabát
mantel

pršiplášť
vihmamantel

kostým
kostüüm

šaty
kleit

svadobné šaty
pulmakleit

šatstvo - riietus

oblek
ülikond

nočná košeľa
öösärk

pyžamo
pidžaama

sari
sari

šatka na hlavu
pearätt

turban
turban

burka
burka

kaftan
kaftan

abaja
abayah

dvojdielne plavky
ujumistrikoo

plavky
ujumispüksid

šortky
lühikesed püksid

teplákova súprava
dressid

zástera
põll

rukavice
kindad

gombík
....
nööp

okuliare
....
prillid

náramok
....
käevõru

retiazka
....
kaelakee

prsteň
....
sõrmus

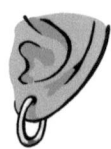

náušnica
....
kõrvarõngas

čiapka
....
nokamüts

vešiak
....
riidepuu

klobúk
....
kaabu

kravata
....
lips

zips
....
tõmblukk

prilba
....
kiiver

traky
....
traksid

školská uniforma
....
koolivorm

uniforma
....
vormirõivad

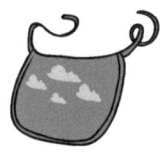

podbradník

pudipõll

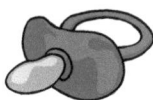

cumlík

lutt

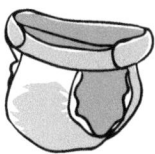

plienka

mähe

kancelária

kontor

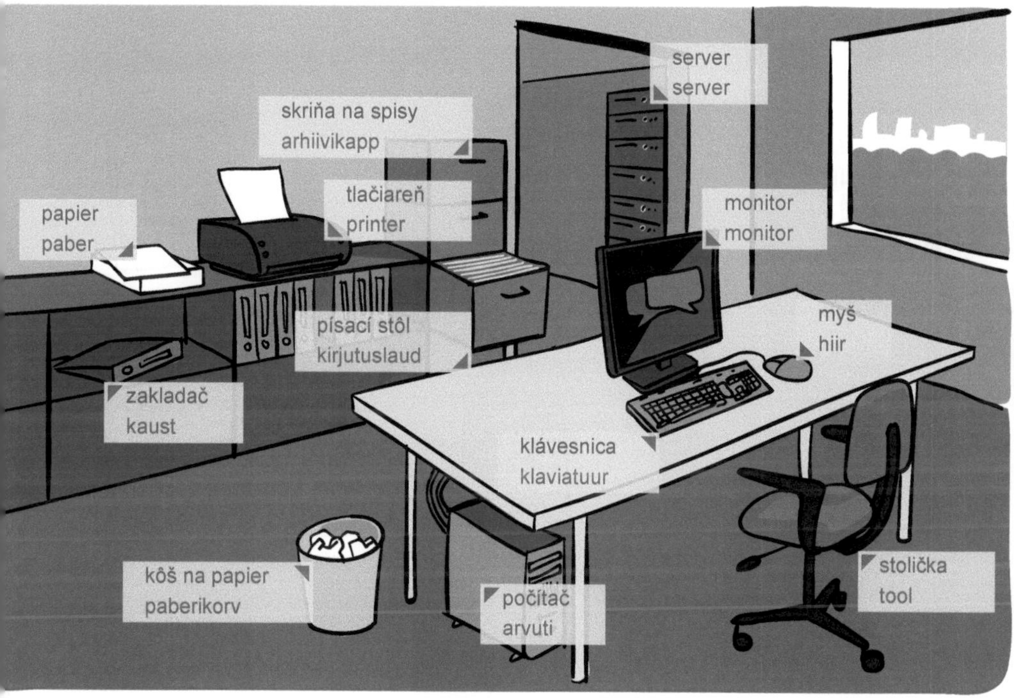

server
server
skriňa na spisy
arhiivikapp
tlačiareň
printer
papier
paber
monitor
monitor
myš
hiir
písací stôl
kirjutuslaud
zakladač
kaust
klávesnica
klaviatuur
kôš na papier
paberikorv
počítač
arvuti
stolička
tool

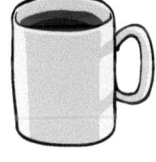

hrnček na kávu

kohvikruus

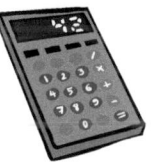

kalkulačka

kalkulaator

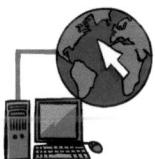

internet

internet

laptop

sülearvuti

list

kiri

správa

sõnum

mobil

mobiiltelefon

sieť

võrk

kopírka

koopiamasin

softvér

tarkvara

telefón

telefon

elektrická zásuvka

pistikupesa

fax

faksimasin

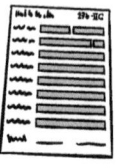

formulár

vorm

doklad

dokument

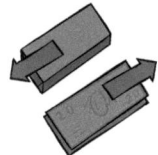

kúpiť
ostma

platiť
maksma

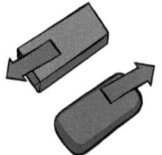

obchodovať
vahetama

peniaze
raha

dolár
dollar

euro
euro

jen
jeen

rubeľ
rubla

švajčiarsky frank
Šveitsi frank

čínsky jüan
renminbi jüaan

rupia
ruupia

bankomat
sularahaautomaat

zmenáreň

valuutavahetuspunkt

zlato

kuld

striebro

hõbe

ropa

nafta

energia

energia

cena

hind

zmluva

leping

daň

maks

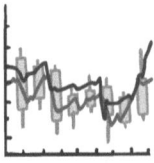

akcia

aktsia

pracovať

töötama

zamestnanec

töötaja

zamestnávateľ

tööandja

továreň

tehas

obchod

kauplus

policajt
politseinik

hasič
tuletõrjuja

kuchár
kokk

lekár
arst

pilót
piloot

záhradník

aednik

stolár

puusepp

krajčírka

õmbleja

sudca

kohtunik

chemik

keemik

herec

näitleja

vodič autobusu

bussijuht

taxikár

taksojuht

rybár

kalamees

upratovačka

koristaja

pokrývač

katusepaigaldaja

čašník

kelner

poľovník

jahimees

maliar

maaler

pekár

pagar

elektrikár

elektrik

stavebný robotník

ehitaja

inžinier

insener

mäsiar

lihunik

klampiar

torumees

poštár

postiljon

vojak	architekt	pokladník
sõdur	arhitekt	kassapidaja

kvetinár	kaderník	sprievodca
lillemüüja	juuksur	piletikontrolör

mechanik	kapitán	zubár
mehaanik	kapten	hambaarst

vedec	rabín	imám
teadlane	rabi	imaam

mních	farár	
munk	preester	

náradie

tööriistad

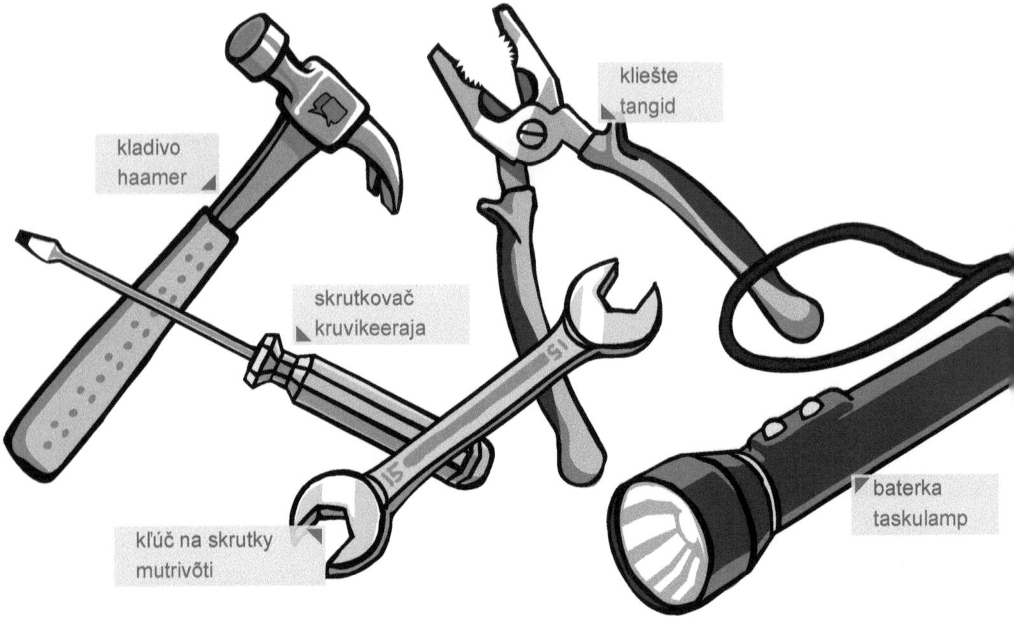
kladivo
haamer
kliešte
tangid
skrutkovač
kruvikeeraja
kľúč na skrutky
mutrivõti
baterka
taskulamp

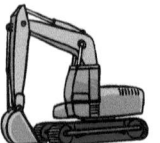

bager

ekskavaator

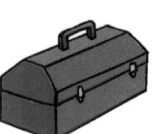

súprava náradia

tööriistakast

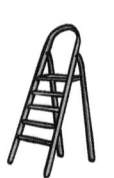

rebrík

redel

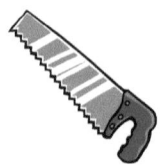

pílka

saag

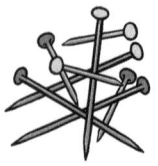

klince

naelad

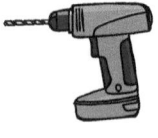

vrták

trell

opravit'

parandama

lopata

labidas

Do čerta!

Põrgusse!

lopatka na smeti

kühvel

nádoba s farbou

värvipott

skrutky

kruvid

hudobné nástroje
pillid

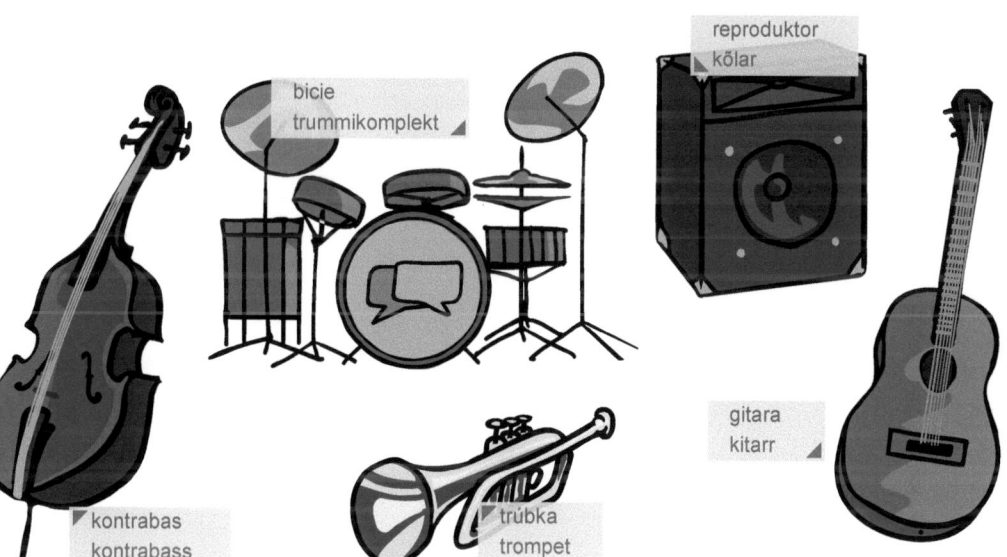

reproduktor
kõlar

bicie
trummikomplekt

gitara
kitarr

kontrabas
kontrabass

trúbka
trompet

klavír

klaver

husle

viiul

basa

bass

tympany

timpan

bubon

trummid

klávesnica

süntesaator

saxofón

saksofon

flauta

flööt

mikrofón

mikrofon

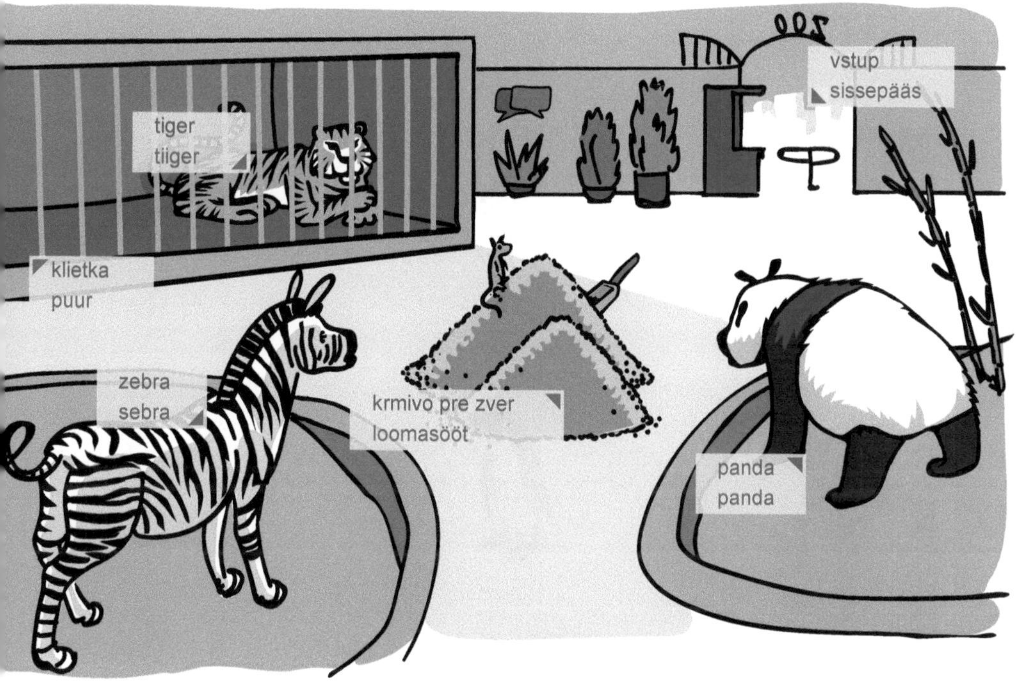

vstup
sissepääs

tiger
tiiger

klietka
puur

zebra
sebra

krmivo pre zver
loomasööt

panda
panda

zvieratá

loomad

slon

elevant

klokan

känguru

nosorožec

ninasarvik

gorila

gorilla

medveď

karu

ťava

kaamel

pštros

jaanalind

lev

lõvi

opica

ahv

plameniak

flamingo

papagáj

papagoi

ľadový medveď

jääkaru

tučniak

pingviin

žralok

hai

páv

paabulind

had

madu

krokodíl

krokodill

ošetrovateľ v ZOO

loomaaiatalitaja

tuleň

hüljes

jaguár

jaaguar

poník
poni

leopard
leopard

hroch
jõehobu

žirafa
kaelkirjak

orol
kotkas

diviak
metssiga

ryba
kala

korytnačka
kilpkonn

mrož
morsk

líška
rebane

gazela
gasell

americký futbal
Ameerika jalgpall

cyklistika
jalgrattasõit

tenis
tennis

basketbal
korvpall

plávanie
ujumine

box
poksimine

hokej
jäähoki

futbal	bedminton	ľahká atletika
jalgpall	sulgpall	kergejõustik
hádzaná	lyžovanie	pólo
käsipall	suusatamine	polo

skočiť
hüppama

smiať sa
naerma

objať
kallistama

chodiť
jalutama

spievať
laulma

snívať
unistama

modliť sa
palvetama

pobozkať
suudlema

písať
kirjutama

kresliť
joonistama

ukázať
näitama

tlačiť
lükkama

dať
andma

brať
võtma

mať

omama

robiť

tegema

byť

olema

stáť

seisma

bežať

jooksma

ťahať

tõmbama

hádzať

viskama

padnúť

kukkuma

ležať

lamama

čakať

ootama

nosiť

kandma

sedieť

istuma

obliecť sa

riidesse panema

spať

magama

zobudiť sa

ärkama

pozerať

vaatama

plakať

nutma

hladkať

paitama

česať

kammima

hovoriť

rääkima

rozumieť

aru saama

pýtať sa

küsima

počuť

kuulama

piť

jooma

jesť

sööma

upratať

korrastama

milovať

armastama

variť

süüa tegema

jazdiť

sõitma

letieť

lendama

plachtiť

purjetama

počítať

arvutama

čítať

lugema

učiť sa

õppima

pracovať

töötama

oženiť

abielluma

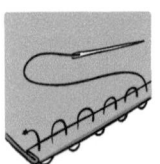

šiť

õmblema

čistiť zuby

hambaid pesema

zabiť

tapma

fajčiť

suitsetama

poslať

saatma

rodina
perekond

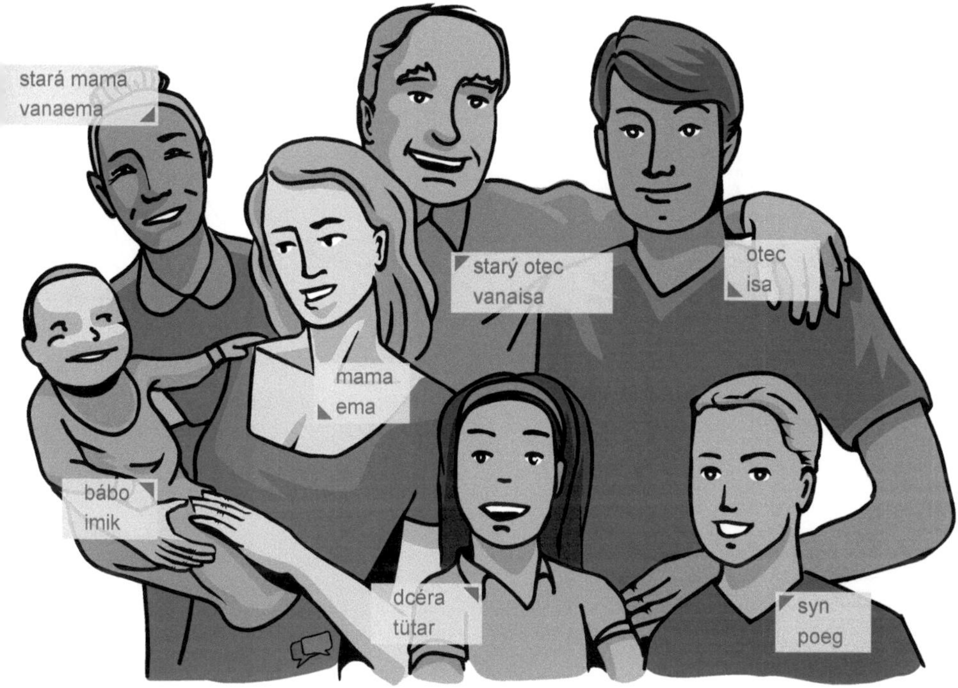
stará mama
vanaema
starý otec
vanaisa
otec
isa
mama
ema
bábo
imik
dcéra
tütar
syn
poeg

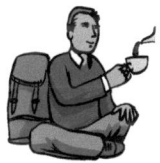

hosť
külaline

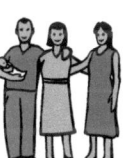

teta
tädi

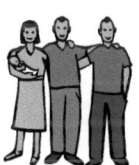

strýko
onu

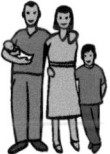

brat
vend

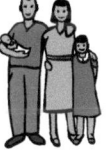

sestra
õde

telo
keha

čelo
otsmik
oko
silm
plece
õlg
prst
sõrm
tvár
nägu
brada
lõug
ruka
käsi
hruď
rind
noha
jalg
rameno
käsivars

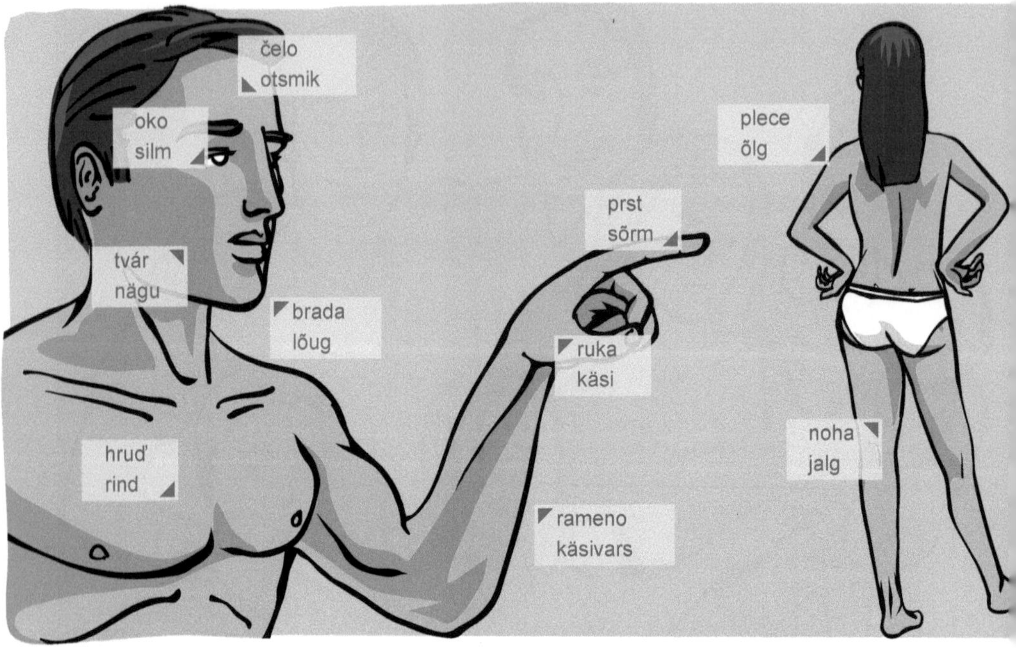

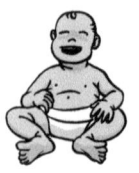

bábo
imik

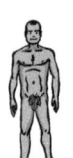

muž
mees

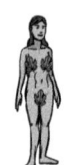

žena
naine

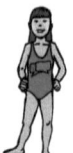

dievča
tüdruk

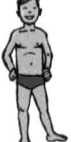

chlapec
poiss

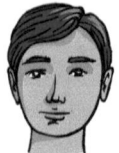

hlava
pea

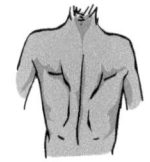

chrbát
....
selg

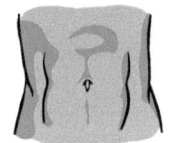

brucho
....
kõht

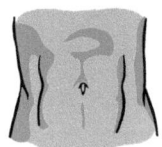

pupok
....
naba

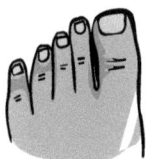

prst na nohe
....
varvas

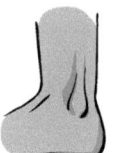

päta
....
kand

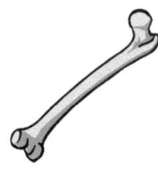

kosť
....
luu

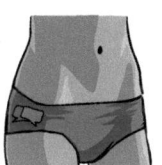

bok
....
puus

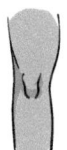

koleno
....
põlv

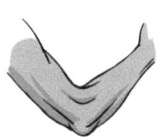

lakeť
....
küünarnukk

nos
....
nina

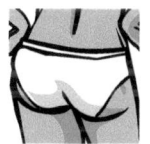

zadok
....
tagumik

koža
....
nahk

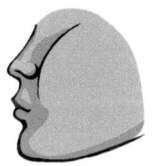

líce
....
põsk

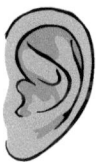

ucho
....
kõrv

pery
....
huuled

ústa
suu

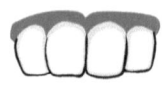

zub
hammas

jazyk
keel

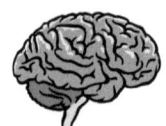

mozog
aju

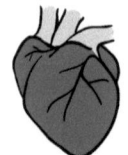

srdce
süda

svaly
lihas

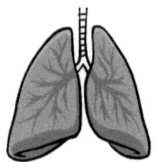

pľúca
kops

pečeň
maks

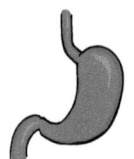

žalúdok
magu

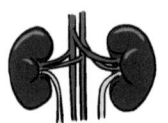

obličky
neerud

pohlavný styk
seksuaalvahekord

kondóm
kondoom

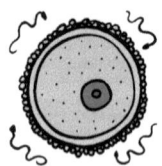

vaječná bunka
munarakk

semeno
sperma

tehotenstvo
rasedus

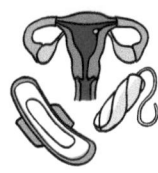

menštruácia

menstruatsioon

vagína

vagiina

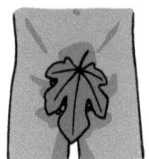

penis

peenis

obočie

kulm

vlasy

juuksed

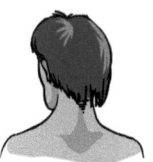

krk

kael

telo - keha

nemocnica
haigla

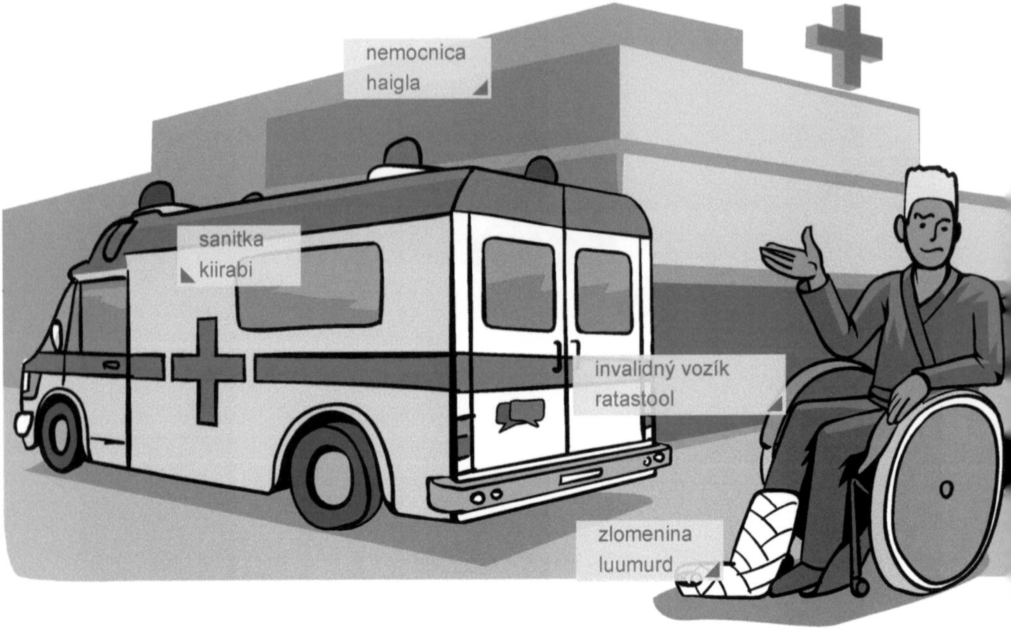

nemocnica
haigla
sanitka
kiirabi
invalidný vozík
ratastool
zlomenina
luumurd

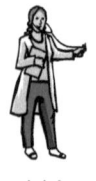

lekár

arst

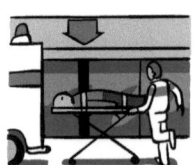

urgentný príjem

traumapunkt

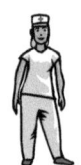

sestrička

meditsiiniõde

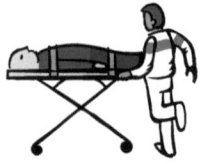

urgentný prípad

hädaolukord

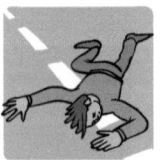

v bezvedomí

teadvuseta

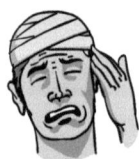

bolesť

valu

zranenie

vigastus

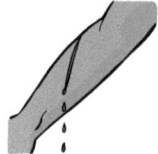

krvácanie

verejooks

srdcový infarkt

südamerabandus

mozgová porážka

insult

alergia

allergia

kašeľ

köha

teplota

palavik

chrípka

gripp

hnačka

kõhulahtisus

bolesť hlavy

peavalu

rakovina

vähk

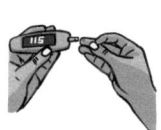

cukrovka

diabeet

chirurg

kirurg

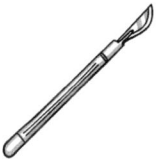

skalpel

skalpell

operácia

operatsioon

CT
KT

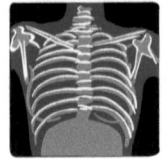

RTG
röntgen

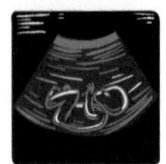

ultrazvuk
ultraheli

maska
mask

choroba
haigus

čakáreň
ooteruum

barla
kark

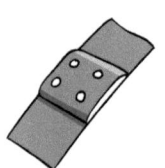

náplasť
kips

obväz
side

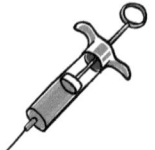

injekcia
süst

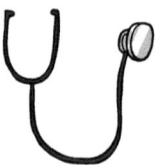

fonendoskop
stetoskoop

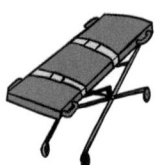

nosidlá
kanderaam

teplomer
kraadiklaas

pôrod
sünd

nadváha
ülekaaluline

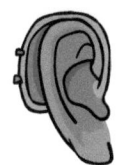

audiofón
....
kuuldeaparaat

dezinfekčný prostriedok
....
desinfektsioonivahend

infekcia
....
põletik

vírus
....
viirus

HIV / AIDS
....
HIV / AIDS

medicína
....
meditsiin

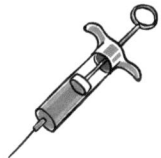

očkovanie
....
vaktsineerimine

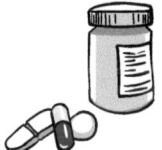

tabletky
....
tabletid

antikoncepčná pilulka
....
pill

tiesňové volanie
....
hädaabikõne

tlakomer
....
vererõhuaparaat

chorý / zdravý
....
haige / terve

Pomoc!

Appi!

alarm

häire

prepad

kallaletung

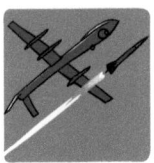

útok

rünnak

nebezpečenstvo

oht

núdzový východ

avariiväljapääs

Horí!

Tulekahju!

hasičský prístroj

tulekustuti

nehoda

õnnetus

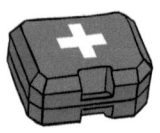

kufrík prvej pomoci

esmaabikomplekt

SOS

SOS

polícia

politsei

Európa

Euroopa

Severná Amerika

Põhja-Ameerika

Južná Amerika

Lõuna-Ameerika

Afrika

Aafrika

Ázia

Aasia

Austrália

Austraalia

Atlantický oceán

Atlandi ookean

Tichý oceán

Vaikne ookean

Indický oceán

India ookean

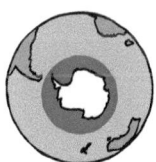

Južný oceán

Lõuna-Jäämeri

Severný ľadový oceán

Põhja-Jäämeri

Severný pól

põhjapoolus

Južný pól
lõunapoolus

Antarktída
Antarktika

Zem
Maa

krajina
maismaa

more
meri

ostrov
saar

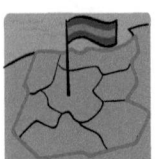

národ
rahvus

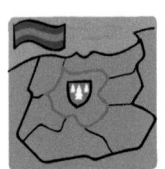

štát
riik

ciferník

sihverplaat

hodinová ručička

tunniosuti

minútová ručička

minutiosuti

sekundová ručička

sekundiosuti

Koľko je hodín?

Mis kell on?

deň

päev

čas

aeg

teraz

praegu

digitálne hodiny

digitaalne kell

minúta

minut

hodina

tund

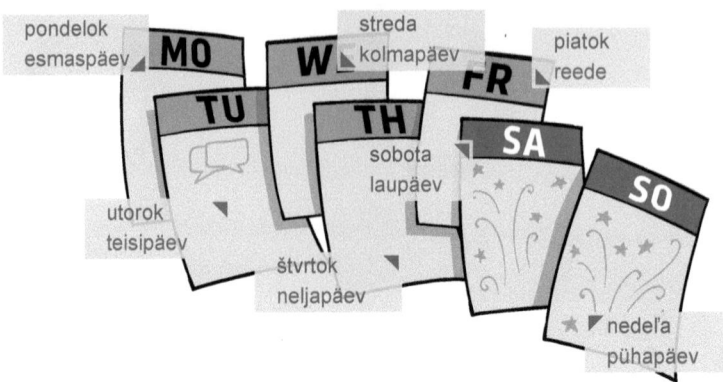

pondelok
esmaspäev

MO

W streda
kolmapäev

FR piatok
reede

TU

TH

SA

utorok
teisipäev

sobota
laupäev

SO

štvrtok
neljapäev

nedeľa
pühapäev

včera
....
eile

dnes
....
täna

zajtra
....
homme

ráno
....
hommik

poludnie
....
lõuna

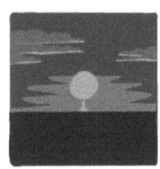

večer
....
õhtu

MO	TU	WE	TH	FR	SA	SU
1	2	3	4	5	6	7
8	9	10	11	12	13	14
15	16	17	18	19	20	21
22	23	24	25	26	27	28
29	30	31	1	2	3	4

pracovné dni
....
tööpäevad

MO	TU	WE	TH	FR	SA	SU
1	2	3	4	5	6	7
8	9	10	11	12	13	14
15	16	17	18	19	20	21
22	23	24	25	26	27	28
29	30	31	1	2	3	4

víkend
....
nädalavahetus

rok
aasta

dúha
vikerkaar
dážď
vihm
vietor
tuul
sneh
lumi
jar
kevad
jeseň
sügis
leto
suvi
zima
talv

4.APRIL 11°
5.APRIL 4°
6.APRIL 13°
7.APRIL 8°
8.APRIL 10°

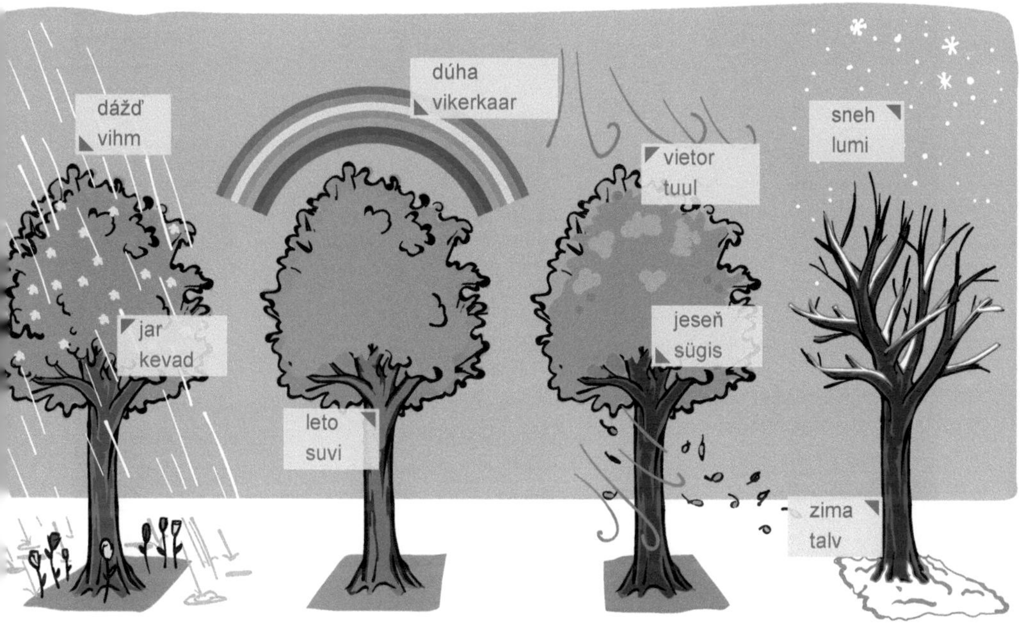

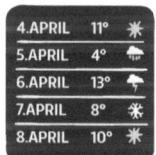

predpoveď počasia
....
ilmaennustus

F
C
120
90
60
30
0
-30
40
30
20
10
0
-10
-20

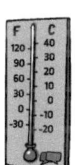

teplomer
....
termomeeter

slnečný svit
....
päikesepaiste

oblak
....
pilv

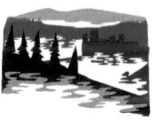

hmla
....
udu

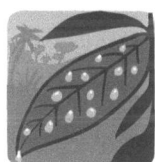

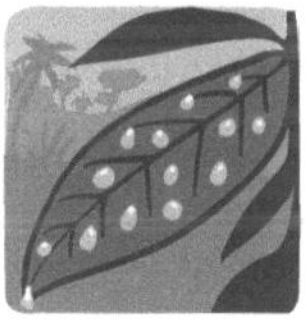

vlhkosť vzduchu
....
niiskus

blesk
....
pikne

hrom
....
kõu

búrka
....
torm

krúpy
....
rahe

monzún
....
mussoon

záplava
....
üleujutus

ľad
....
jää

január
....
jaanuar

február
....
veebruar

marec
....
märts

apríl
....
aprill

máj
....
mai

jún
....
juuni

júl
....
juuli

august
....
august

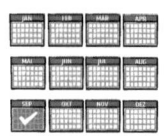

september
....
september

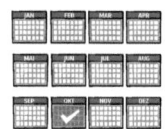

október
....
oktoober

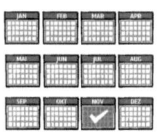

november
....
november

december
....
detsember

kruh
....
ring

štvorec
....
ruut

obdĺžnik
....
nelinurk

trojuholník
....
kolmnurk

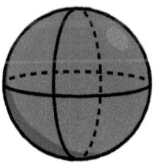

guľa
....
kera

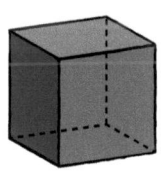

kocka
....
kuup

biela

valge

žltá

kollane

oranžová

oranž

ružová

roosa

červená

punane

fialová

lilla

modrá

sinine

zelená

roheline

hnedá

pruun

šedá

hall

čierna

must

veľa / málo
palju / vähe

zúrivý / pokojný
vihane / rahulik

pekný / škaredý
ilus / inetu

začiatok / koniec
algus / lõpp

veľký / malý
suur / väike

svetlý / tmavý
hele / tume

brat / sestra
vend / õde

čistý / špinavý
puhas / must

úplný / neúplný
täielik / puudulik

deň / noc
päev / öö

mŕtvy / živý
surnud / elus

široký / úzky
lai / kitsas

chutný / nechutný

söödav / mittesöödav

zlostný / láskavý

kuri / sõbralik

vzrušený / unudený

põnevil / tüdinud

tlstý / chudý

paks / peenike

prvý / posledný

esimene / viimane

priateľ / nepriateľ

sõber / vaenlane

plný / prázdny

täis / tühi

tvrdý / mäkký

kõva / pehme

ťažký / ľahký

raske / kerge

hlad / smäd

nälg / janu

chorý / zdravý

haige / terve

nelegálny / legálny

ebaseaduslik / seaduslik

inteligentný / hlúpy

tark / rumal

vľavo / vpravo

vasak / parem

blízko / ďaleko

lähedal / kaugel

novÿ / použitÿ
....
uus / kasutatud

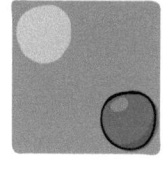

nič / niečo
....
mitte midagi / midagi

starÿ / mladÿ
....
vana / noor

zapnuté / vypnuté
....
sees / väljas

otvorené / zatvorené
....
lahti / kinni

tichÿ / hlasnÿ
....
vaikne / vali

bohatÿ / chudobnÿ
....
rikas / vaene

správne / nesprávne
....
õige / vale

drsnÿ / hladkÿ
....
kare / sile

smutnÿ / šťastnÿ
....
kurb / rõõmus

krátky / dlhÿ
....
lühike / pikk

pomaly / rÿchlo
....
aeglane / kiire

mokrÿ / suchÿ
....
märg / kuiv

teplÿ / studenÿ
....
soe / jahe

vojna / mier
....
sõda / rahu

čísla

numbrid

0

nula
null

1

jeden
üks

2

dva
kaks

3

tri
kolm

4

štyri
neli

5

päť
viis

6

šesť
kuus

7

sedem
seitse

8

osem
kaheksa

9

deväť
üheksa

10

desať
kümme

11

jedenásť
üksteist

12

dvanásť
kaksteist

13

trinásť
kolmteist

14

štrnásť
neliteist

15

pätnásť
viisteist

16

šestnásť
kuusteist

17

sedemnásť
seitseteist

18

osemnásť
kaheksateist

19

devätnásť
üheksateist

20

dvadsať
kakskümmend

100

sto
sada

1.000

tisíc
tuhat

1.000.000

milión
miljon

angličtina

inglise

americká angličtina

Ameerika inglise

mandarínska čínština

mandariini

hindčina

hindi

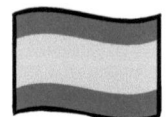

španielčina

hispaania

francúzština

prantsuse

arabčina

araabia

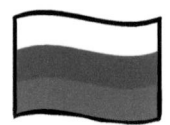

ruština

vene

portugalčina

portugali

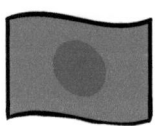

bengálčina

bengali

nemčina

saksa

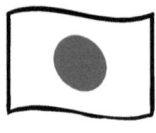

japončina

jaapani

ja
mina

ty
sina

on/ona/ono
tema

my
meie

vy
teie

oni
nemad

kto?
kes?

čo?
mis?

ako?
kuidas?

kde?
kus?

kedy?
millal?

meno
nimi

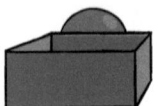

za
....
taga

v
....
sees

pred
....
ees

nad
....
kohal

na
....
peal

pod
....
all

vedľa
....
kõrval

medzi
....
vahel

miesto
....
koht